SUPERESTRELLAS DEL BÉISBOL

ADRIÁN BELTRÉ
A LA CUMBRE!

Firma contrato con Los Rangers de Texas por US$96 millones—y juega en la Serie Mundial.

2011

Firma contrato con Los Medias Rojas de Boston por $US9 millones.

2010

Mueva a Los Marineros de Seattle.

2004

Juega en las Ligas Mayores con Los Dodgers de Los Ángeles.

1998

Juega en los Estados Unidos en las Ligas Menores.

1996

Empieza a jugar para Los Dodgers.

1994

Adrián Beltré nace el 7 de abril.

1979

Mason Crest
370 Reed Road
Broomall, Pennsylvania 19008
www.masoncrest.com

Impreso y encuadernado en Estados Unidos de América

Primera Impresión
9 8 7 6 5 4 3 2 1

Library of Congress Cataloging-in-Publication Data

Rodríguez Gonzalez, Tania.
 [Adrián Beltré. Spanish.]
 Adrián Beltré / by Tania Rodriguez.
    p. cm.
 ISBN 978-1-4222-2629-2 (hardcover) – ISBN 978-1-4222-2617-9 (series hardcover) – ISBN 978-1-4222-9120-7 (ebook)
 1. Beltré, Adrian, 1979—Juvenile literature. 2. Hispanic American baseball players–Biography–Juvenile literature. 3. Baseball players–United States–Biography–Juvenile literature. I. Title.
 GV865.B348R6413 2012
 796.357092–dc23
 [B]
                                              2012023091

Harding House Publishing Services, Inc.
www.hardinghousepages.com

RECONOCIMIENTOS GRÁFICOS:
Jason Stitt | Dreamstime.com: p. 4
Keith Allison: p. 1
Luis Silvestre: p. 6, 7, 8
Mangin, Brad: p. 2, 9, 12, 14, 0, 13, 16, 17, 19, 20, 22, 23, 24, 26, 28

ADRIÁN BELTRÉ

Capítulo 1

Béisbol, la República Dominicana, y Adrián Beltré

Adrián Beltré se ha convertido en uno de los mejores beisbolistas y tiene mucho de que estar orgulloso. Ha jugado para equipos sorprendentes y con personajes grandiosos. Ha ganado maravillosos premios, ha participado dos veces en el *Juego de las Estrellas*, e incluso ha logrado llegar a la Serie Mundial. Por encima de todo, ha anotado mas de 300 jonrones y ganado millones de dólares. Sus admiradores lo conocen por sus tremendos movimientos y su trabajo duro. Ellos saben que es un jugador impresionante.

Superestrellas del Béisbol: Adrián Beltré

El camino de Beltré a jugar en las Ligas Grandes comenzó cuando fue muy joven, como estes chicos en la República Dominicana.

Beltré tuvo que poner todo su empeño para llegar al éxito que ha logrado hoy. Inició su camino a las Grandes Ligas desde muy temprano en su vida y su participación en Las Mayores empezó en su tierra natal—Santo Domingo en la República Dominicana—durante su niñez. Estuvo rodeado de una riquísima *cultura* beisbolistica y se empapó del amor al deporte de la pelota caliente, lo que le ayudó a fortalecerse.

Ciudad Beisbolera

Santo Domingo ha producido muchos jugadores de Grandes Ligas. La capital tiene muchos habitantes, así no es de sorprenderse que algunos de ellos terminen siendo jugadores de béisbol. La lista incluye grandes nombres como Carlos Peña, Alberto Pujols, y David Ortíz. Hay docenas de jugadores que vienen de Santo Domingo, y muchos de ellos siguen jugando activamente hoy por hoy.

Las temporadas de béisbol en Estados Unidos empiezan en octubre y duran todo febrero; cuando los peloteros de las *Ligas Mayores* han terminado su temporada en Norte América, muchos regresan a jugar en el Parque Quisqueya de Santo Domingo, un estadio muy bien cuida-

Hoy, muchos chicos dominicanos asisten a escuelas de béisbol.

Entrenadores y Managers Dominicanos

Los dominicanos también están dejando su marca en otros aspectos del juego; en el 2003, Tony Peña, quien jugara antes para Los Royales de la Ciudad de Kansas, fue entrenador contra Felipe Alou de Los Gigantes de San Francisco, siendo la primera vez que dos dominicanos se enfrentaran como entrenadores en las Grandes Ligas. Luego en el 2004, Omar Minaya se convirtió en el primer manager general dominicano, dirigiendo a Los Mets de Nueva York. ¡Los dominicanos son líderes de primera clase en el mundo del béisbol!

Los diamantes de béisbol simples como éste en la República Dominicana pueden ser los principios del camino largo a las Ligas Mayores.

Hoy los varones en la República Dominicana reciben inspiración de la historia de Adrián Beltré. ¡Ellos también quieren crecer a jugar en las Grandes Ligas!

do y bastante grande con capacidad para 16,000 personas. Ambos equipos dominicanos—Los Leones de Escogido como Los Tigres de Licey—juegan en el Estadio de Quisqueya.

Comienzos

Adrián Beltré nació el 7 de abril de 1979 en Santo Domingo en la República Dominicana, y se enamoró del béisbol desde muy niño. Muchos de sus familiares compartían con él su pasión por el deporte, incluso su tío jugó en las *Ligas Menores* con Los Cardenales de San Luis. Aun siendo muy pequeño, el padre de Adrián le pronosticó que sería un grandioso beisbolista.

Durante su niñez, practicó muchos distintos deportes como tenis, baloncesto, y béisbol. A los doce años, empezó a enfocarse mas en el béisbol; observaba jugadores dominicanos de las Ligas Mayores en televisión, y empezó a trabajar duro para llegar algún día a ser parte de ellos.

Jugó en su tierra natal tanto como le fue posible; primero jugó de segunda base, pero pronto se cambió a tercera base sin dejar jamás de jugar en

El Béisbol en la República Dominicana

Estados Unidos trajo el béisbol a Cuba a mediados de 1860, y de ahí, los inmigrantes cubanos huyendo de la Guerra de los Diez Años (1868–1878) extendieron el juego por todo el Caribe, incluyendo la República Dominicana. Los isleños se enamoraron del deporte inmediatamente y empezaron a organizar equipos y torneos. Para los años 20 los equipos dominicanos estaban compitiendo contra otros países del Caribe y los Estados Unidos.

El juego se hizo más popular en la parte sureste de la isla, donde generaciones de cañeros aprendieron a practicarlo durante temporadas baja de siega. Los dueños de los ingenios motivaban a sus empleados a jugar e incluso patrocinaban a los equipos. Esta área del país todavía produce el número más grande de beisbolistas que todavía juegan profesionalmente.

Hoy por hoy, los jugadores dominicanos son parte de los treinta equipos de las Ligas Mayores, las cuales tienen campos de entrenamiento en la República Dominicana con el fin de reclutar y entrenar beisbolistas de potencial profesional. Desde campos empolvados en lotes vacíos hasta el Estadio Quisqueya, el béisbol está por toda la isla—y por todo el mundo, todos saben que los jugadores dominicanos son deportistas sorprendentes.

esa posición. A su padre le gustaba saber que su hijo trabajaba tan duro en el deporte de la pelota caliente.

Adrián asistió a la Secundaria del Liceo Máximo Gómez, y jugó para el equipo de béisbol de la escuela. Pronto se convirtió en uno de los mejores. ¡Seguía trabajando duro porque deseaba ser el mejor!

En 1994, Adrián se ejercitaba en el campo de entrenamiento de Los Dodgers de Los Ángeles. Mientras estaba ahí, dos *cazatalentos* lo vieron durante la práctica—Ralph Ávila y Pablo Peguero—quienes trabajaban para Los Dodgers. Ellos vieron que Beltré ya era un buen jugador y pensaron que podría llegar a ser grandioso. El hombre estaba a punto de llegar lejos en el béisbol.

Capítulo 2

En las Ligas Menores

Á vila y Peguero sabían que Beltré podía ser un jugador impresionante. Sabían que era joven y que sería aún mejor con el tiempo. Una cosa que los dos cazatalentos afirman no haber sabido en ese tiempo era la edad de Beltré. ¡No sabían que trabajaban con alguien tan joven!

Sus Comienzos en la República Dominicana

Los cazatalentos de Los Dodgers lo contrataron para jugar con las Ligas Menores en 1994 cuando Adrián solo tenía 15 años. Él declara que no sabía que se debía ser mayor de 16 para **firmar contratos** y jugar en los Estados Unidos.

Adrián estaba a punto de jugar con Los Dodgers, pero primero el equipo lo mantendría un tiempo más en la República Dominicana. El joven jugaba y entrenaba, aprendía más y más del béisbol, y era cada vez un mejor beisbolista.

En 1995, Los Dodgers entrenaron a Beltré en Quisqueya, y en ese mismo año, jugó para la Liga de Verano Dominicana. Practicó en el campo de entrenamiento de Los Dodgers, y aunque era aún muy joven, los directivos sabían que podría ser cada vez mejor. Muy pronto tendrían la oportunidad de comprobarlo.

Pasando a las Ligas Menores

En la temporada del 96, el beisbolista tuvo la oportunidad de jugar en los Estados Unidos. Los Dodgers lo llevaron a las Ligas Menores; muchos jugadores jóvenes empezaron en las Ligas Novatas, sin embargo Los Dodgers lo ubicaron en un equipo clase "A" en su primer año.

Jugaría para dos equipos durante esa temporada.

Al principio, Beltré jugó para Los Jejenes de Arena de Savannah—un equipo clase "A"—que competían en la Liga Sur Atlántica. El deportista participó en 68 juegos para el equipo, anotando 48 carreras, con un bateo promedio de .307, anotando 16 jonrones y 59 **carreras impulsadas**. Estas eran muy buenas estadísticas para un nuevo beisbolista, especialmente uno tan joven. Adrián trabajó duro para aprender más

Hoy Beltré juega para la Liga Americana—pero todavía siempre tiene su patria en su corazón.

13

Pronto, Beltré estaría jugando para Los Dodgers—en las Mayores.

de sus entrenadores y de otros jugadores. Quería ser el mejor jugador posible.

A mediados del año 96, Los Dodgers transfirieron a Beltré a otro equipo, dado su buen juego; empezó jugando para Los Estampidas de San Bernardino que competían en la Liga Californiana. Siguió jugando bastante bien después de mudarse al nuevo equipo.

Al año siguiente, Adrián no bajó la guardia pero todavía era muy joven, de manera que Los Dodgers lo mantu-

vieron en las Ligas Menores. Jugó para Los Dodgers de Playa Vero en la Liga de la Florida. Ese año jugó, en 123 partidos para ese equipo, anotó 95 sorprendentes carreras; logró 26 jonrones y 104 carreras impulsadas. Su **promedio de bateo** fue de .317, jugando de tercera base, y ayudó a lograr 26 doble juegos.

La temporada del 97 le permitió mostrar su gran talento . . . y que podría ser un grandioso jugador. Estaba a punto de lograr su oportunidad—pronto estaría jugando en las Ligas Mayores.

15

Capítulo 3

BELTRÉ JUEGA PARA LOS ÁNGELES

Desde que firmó contrato con Los Dodgers de Los Ángeles, Adrián Beltré pasó tiempo jugando en ambos las Ligas Menores dominicanas y norteamericanas— pero su meta era ascender a las Mayores. Afortunadamente para él, Los Dodgers tenían los mismos planes.

Empezó el año 98 con otro equipo de Ligas Menores—Los Misiones de San Antonio, quienes eran clase "AA"—y jugaban en la Liga de Texas. Beltré también lo hizo bien en San Antonio, tal como lo había hecho en las otras ocasiones.

En junio de ese año, Adrián fue transferido nuevamente . . . solo que esta vez se estaría mudando a las Ligas Mayores con Los Dodgers de Los Ángeles.

Jugando para Los Dodgers

El beisbolista participó en el partido de las Ligas Mayores en junio del 98. En ese momento era el beisbolista más joven de la Liga Nacional—¡y en su primer bateo, llevó a dos compañeros al home, lo que fue un gran comienzo para su carrera!

El resto del año también fue todo un éxito. Logró 22 carreras impulsadas y bateó 7 jonrones. ¡No permitiría que el glamour de las Grandes Ligas afectara su juego!

El 1999 fue la primera temporada completa de Adrián con Los Dodgers, anotando 15 jonrones durante la temporada. En la **defensa**, su porcentaje de juego fue de .932 y ayudó a lograr 24 juegos dobles.

Bates de béisbol de Adrián.

Aunque el pelotero lo estaba haciendo baste bien, no se podía decir lo mismo del equipo que terminó la temporada con más derrotas que victorias. Una vez que se terminó la temporada, Los Dodgers se enteraron que Beltré tenía 15 años. Hubo algunos que pensaron que el joven había engañado al equipo para lograr el contrato. Su agente le recomendaba renunciar dado el alboroto.

Sin embargo, el comisionado de las Ligas Mayores Bud Selig, ordenó al equipo pagar una multa por contratar Beltré antes de cumplir los 16. Igualmente tendrían que cerrar el campo de entrenamiento en la República Dominicana por un año. El jugador recibiría así mismo una cantidad determinada, y permanecería en el equipo.

En el año 2000, Los Dodgers lo hicieron mejor que el año anterior. El jugador hizo su parte para ayudar al equipo, que terminó la temporada con mas victorias que derrotas, ocupando incluso el segundo lugar en su división—pero esto quería decir que no llegarían a los *playoffs* una vez mas. Beltré aún no llegaba a la post temporada.

El siguiente año, trajo problemas para Adrián, quien necesitó cirugía porque su apéndice se rompió mientras estaba en la República Dominicana. Algo así puede llegar a ser bastante serio y requerir cirugía inmediata. El joven estuvo incapacitado por un largo período y no pudo jugar por meses, de manera que no fue al entrenamiento de primavera del equipo ni pudo ser parte del principio de la temporada. Finalmente, volvió al campo en mayo; empezó lentamente, pero después de un rato estaba jugando como si nada.

El año 2001 fue bueno para Los Dodgers a pesar que Beltré no estaba en su mejor forma. Pudieron llegar a los playoffs y ganaron más partidos de los que perdieron, así que las cosas parecían mejorar bastante, al igual que la salud de Adrián.

Grandes Años para Beltré

En el 2002, le fue mucho mejor al beisbolista quien había invertido mucho del año anterior en mejorarse, y para el principio de la temporada se sentía mucho mejor. El beisbolista anotó 21 jonrones este año, lo que era su record personal; en la defensa tuvo un porcentaje de .952

Los Dodgers hicieron un muy buen trabajo en equipo también, y terminaron la temporada con 92 victorias y 70 derrotas, lo cual era el mejor record hasta el momento, lo que no fue suficiente para llegar a los playoffs. El equipo terminó de tercero en su división.

El dominicano siguió mejorando su juego después de superar sus asuntos de salud, y el 2003 terminó siendo bastante parecido al año anterior, tanto Adrián como su equipo lo hicieron bastante bien, aunque de nuevo no pudieron llegar a los juegos de invierno.

Beltré tuvo unos años buenos con Los Dodgers.

La temporada del 2004 fue una de las mejores en la carrera del joven jugador, terminando el año con algunos de sus mejores cifras. Empezó en tercera base durante 154 juegos, y ayudó a lograr 32 doble juegos; su porcentaje fue de .978. En el bate, lo hizo bastante bien también, anotando 104 carreras y 121 carreras impulsadas y logrando un promedio de .334. Fue también en este año que logró 48 jonrones y se convirtió en el líder jonronero de las Ligas Grandes. Incluso ganó el premio Jonronero Babe Ruth por su extraordinario número de anotaciones.

La temporada del 2004 fue una de los más grandes de la carrera de Beltré.

El éxito de Beltré se vio reflejado en el equipo que tuvo un año impresionante también, terminando de primeros en la División Occidental de la Liga Nacional, lo que significó que pudieron llegar a la Serie de *Divisiones* de la Liga Nacionales para competir con Los Cardenales de San Luis, cuyo encuentro, desafortunadamente perdieron. Aunque el equipo tuvo un gran año y pudieron llegar a los playoffs, no pudieron llegar a la Serie Mundial.

Al final de la temporada, el beisbolista era *agente libre* y dejaría a Los Dodgers. Ellos lo habían introducido al béisbol *profesional*, y sin el equipo, tal vez Beltré no habría jugado en las Ligas Mayores—pero era tiempo de seguir adelante ¡Todavía era muy joven y quería llegar a la cima!

Capítulo 4

MUDÁNDOSE A LOS MARINEROS

¿Hacia donde se dirigía Beltré ahora?

Muchos equipos estaban interesados en él, pero al final, fueron Los Marineros de Seattle los que anunciaron haberle firmado contrato de cinco años, en el que acordaban pagarle US$65 millones por las cinco temporadas. El dominicano estaba a punto de empezar un capítulo completamente nuevo en su carrera beisbolera.

Jugando en Seattle

Adrián esperaba que mudarse a Seattle lo ayudara a convertirse en un mejor jugador. Quería llegar a los playoffs y tal vez incluso a las Series Mundiales, pero hasta ahora no había tenido mucha suerte. Su primer temporada fuera no se veía muy bien; le tomó algo de tiempo

acostumbrarse a su nuevo equipo y su juego se vio algo afectado, al igual que sus cifras.

Los fans de Los Marineros esperaban que el joven pudiera jugar igual que en el 2004 y estaban emocionados de haberlo agregado al equipo. Todavía jugaba bastante bien, pero no lo había hecho tan bien como deseaba. El manager de Los Marineros comentaba que

Los fanáticos habían esperado que Beltré jugaría mejor en su primer año con Los Mariners.

En el marzo de 2006, Beltré tenía la oportunidad de jugar para su país en el juego de semifinal de World Baseball Classic entre Cuba y la República Dominicana en PETCO Park en San Diego, California.

ganando solo 69 juegos. Aunque Beltré fue un gran jugador, no pudo rescatar la temporada de Los Marineros.

Durante los siguientes dos años, las cosas mejoraron para el beisbolista quien jugó mejor que en el 2005, llegando a ganar incluso dos premios Fielding Bible y un Guante Dorado por su trabajo en la defensa, ¡Mientras tanto, Beltrán no parecía lograr llegar

Adrián no estaba conforme con su temporada 2005; dijo, "Pienso que esta es una temporada que lo ha decepcionado en lo personal." Los Marineros tampoco lo hicieron muy bien ese año, a los playoffs ni a la post-temporada! Nuevamente, Los Marineros terminaron de últimos en su división en el 2006; era la tercera temporada seguida que les pasaba lo mismo.

El Premio Guante Dorado

Uno de los premios más grandes del béisbol es el Guante Dorado Rawlings, entregado anualmente a los mejores peloteros. Usualmente se entrega un total de 18 premios, uno para cada posición tanto en la Liga Nacional como en la Liga Americana. Los managers y entrenadores votan pero no pueden hacerlo por sus propios jugadores. Greg Maddux tiene el record en ganarse este premio; se ha llevado ya 18 de ellos, habiendo ganado 13 consecutivamente desde 1990 a 2002.

El Premio Slugger de Plata

Cada año se entrega también el Premio Slugger de Plata, y nuevamente los managers y entrenadores se encargan de la votación. Eligen los dos mejores jugadores de cada posición, uno por cada liga. El premio es una placa con un bate dorado de tamaño real pegado a ella. Este premio es muy parecido al Guante Dorado que premia las habilidades defensivas del beisbolista, mientras el Slugger de Plata es entregado al mejor bateador.

El siguiente año, lo hicieron mejor, aunque no lo suficientemente bien como para jugar en la post-temporada, y en el 2008 nuevamente, terminaron de últimos en la división.

El año 2009 fue difícil para Adrián. Durante un partido en agosto, una pelota saltarina lo golpeó lastimándolo fuertemente, por lo que tuvo que guardar reposo el resto de la temporada. ¡Una vez más las lesiones lo limitaban!

Cuando terminó la temporada, Beltrán se hizo agente libre de nuevo. Dejaría el equipo con el que jugó los últimos año. ¡Era tiempo de un cambio!

Capítulo 5

ADRIÁN BELTRÉ HOY

Al inicio del año 2010, Adrián firmó contrato con Los Medias Rojas de Boston, quienes acordaron pagarle US$9 millones por un año. El pelotero había encontrado su nuevo hogar . . . aunque fuera por una sola temporada.

Manteniéndose Fuerte

Sin embargo, Beltré tuvo un gran año. Jugó en 154 partidos para el equipo quienes se alegraban de haberlo contratado. Al dominicano anotó 28 jonrones, 84 carreras, y 102 carreras impulsadas. El jugador de Los Medias Rojas, David Ortiz, también había logrado ese numero de carreras impulsadas en el mismo año, si que el joven quisqueyano estaba jugando con el mejor. Su promedio de bateo era de .321, siendo el cuarto mejor de la Liga Americana; en tercera base su porcentaje fue de .957. La mala racha de post-temporada continuó, y Boston no tuvo el mejor año; jugaron bien, pero no llegaron a la post-temporada, habiendo quedado de terceros en su división.

Al siguiente año, Beltré salió del equipo y era agente libre de nuevo, pero en enero, firmó contrato con Los Rangers de Texas. El equipo acordó pagarle US$96 millones por seis temporadas. Las cosas se veían bien para Beltré, quien por fin había encontrado un equipo que pudiera llevarlo a la Serie Mundial.

El dominicano lo hizo bastante bien y siguió haciéndolo hasta terminar la temporada; anotó 32 jonrones y 105 carreras impulsadas. El equipo terminó con 96 victorias y 66 derrotas, llegando al primer lugar de su división. ¡Se fueron a los playoffs!

Los Rangers enfrentaron a Las Rayas de Tampa Bay en la División de Series de la Liga Americana. Perdieron su primer juego en las series, pero ganaron los siguientes tres, saliendo finalmente victoriosos en la liga división—y siguieron a la Serie de Campeonato de la Liga Americana.

Ahora compitieron contra Los Tigres de Detroit—y terminaron ganando esa serie también. ¡Después enfrentarían a Los Cardenales de San Luis en la Serie Mundial—y Adrián jugaría con ellos!

La Serie Mundial del 2011 estuvo bastante reñida hasta el final. Los admiradores estaban sin aliento, y la serie duró hasta la séptima. Al final, Los Cardenales le ganaron a Los Rangers, quienes perdieron por la mínima diferencia.

A pesar de no haber ganado la Serie Mundial como tal, fue un año tremendo para Beltré. Al final de la temporada, ganó otro Premio Guante Dorado, el Slugger de Plata, y el Fielding Bible. ¡Ganar los tres premios—y ninguno por primera vez—era todo un honor!

El dominicano también tuvo la oportunidad de participar en el Juego

Hoy, Beltré todavía tiene objetivos de alcanzar en el béisbol.

de las Estrellas del 2011. Para completar el 11 de septiembre de 2011, anotó su jonrón número 300. La temporada había sido grandiosa para Beltré, al igual que para su equipo, y los fanáticos esperan que tanto Adrián como su equipo se mantengan fuertes en el 2012.

Vida Personal

El pelotero ha tenido una carrera beisbolera sorprendente. En los últimos 15 años, pareciera que ha hecho de todo—ha ganado premios y millones de dólares, ha jugado con grandiosos equipos y con los mejores peloteros, y ha recibido la admiración de miles de seguidores durante el tiempo que lleva en el béisbol.

Pero no puede jugar béisbol todo el tiempo—también tiene su propia vida que atender. Cuando no está en el campo o en la banca, se encarga de su familia. Su esposa Sandra y sus tres hijos que son todos muy importantes en su vida.

Adrián ha procurado tener en cuenta a su familia cuando se trata de tomar decisiones sobre su carrera. En el 2010 cuando estaba por elegir un nuevo equipo, dijo, "Tendré que ver que es lo mejor para mi familia y yo. Este año he sido suficientemente egoísta al mudarme a la costa. Este en medio del embarazo de mi esposa, y estando lejos de ella prácticamente todo el año. Este año va a ser una cuestión más familiar." El dominicano tuvo que ausentarse del final de su temporada con Los Medias Rojas para poder estar con su esposa durante el parto de su hijo menor.

Adrián Beltré todavía tiene metas que alcanzar en el béisbol. Aun no ha ganado en las Series Mundiales y todavía tiene jonrones que anotar y carreras que lograr. Nadie sabe con certeza lo que viene para él en el futuro—pero lo que si es seguro es que dará siempre lo mejor de si para lograr el éxito en el béisbol. Sus admiradores están ansiosos de ver que sigue para la estrella dominicana.

Descubra Más

Por Internet

Historia del Béisbol Dominicano

www.misterdeportes.com/no11/art05.htm

Kidzworldespañol

www.kidzworldespanol.com/articulo/2293-grandes-momentos-beisbol

LIDOM

www.lidom.com.do

MLB

mlb.mlb.com/es/index.jsp?c_id=mlb

En los Libros

Cruz, Hector H. *Béisbol Dominicano: Orígenes, Evolución, y Héroes.* Santo Domingo, D.R.: Alfa y Omega, 2006.

Kurlansky, Mark. *Las Estrellas Orientales: Como el Béisbol Cambio el Pueblo Dominicano de San Pedro de Macorís.* New York: Riverhead Books, 2010.

Wendel, Tim. *Lejos de Casa: Jugadores de Béisbol lations en los Estados Unidos.* Washington, D.C.: National Geographic, 2008.

Glosario

agente libre: Un jugador que al momento no tiene contrato con equipo alguno.

carreras impulsadas (RBI): Número de puntos que obtiene un bateador por lograr una anotación para su equipo.

cazatalentos: Personas a cargo de encontrar los mejores jugadores jóvenes para adherirse a los equipos para los cuales trabajan.

contrato: Un compromiso por escrito entre el jugador y el equipo en el que se registra la ganancia que devengará el beisbolista y la cuantía de tiempo.

cultura: La identidad de un grupo de gente que incluye gustos, creencias, idioma, comida, y arte.

defensa: Jugar evitando que el otro equipo anote, incluyendo las posiciones de jardín externo e interno, pitcher, y catcher.

división: Un grupo de equipos que compiten por el campeonato; en las Ligas Mayores, las Divisiones están determinadas por su ubicación geográfica.

firmar: Estar de acuerdo con lo contratado por algún equipo en particular.

gerente general: La persona a cargo de la dirección administrativa del equipo de béisbol, y quien es responsable de guiarlo.

herencia: Algo que se pasa desde las generaciones anteriores.

Juego de las Estrellas: El torneo jugado en julio entre los mejores jugadores de cada una de las dos ligas dentro de Grandes Ligas.

Ligas Mayores de Béisbol (MLB): El más alto nivel de béisbol profesional en los Estados Unidos y Canadá.

Ligas Menores: El nivel de béisbol Profesional inmediatamente anterior a las Ligas Mayores.

lista de lesionados: Lista de jugadores que se han lesionado y no pueden jugar por algún período de tiempo no determinado.

negociar: Hacer un acuerdo con otro equipo para intercambiar jugadores.

novato: Jugador en su primer año dentro de las Ligas Mayores.

ofensiva: Jugar para anotar carreras estando al bate.

playoffs: Series de partidos que se juegan al final de la temporada regular para determiner quien ganará el campeonato.

profesional: Nivel de béisbol en que el jugador recibe remuneración.

promedio de bateo: Una estadística que mide la calidad del bateador, calculada al dividir el número de bateos logrados por las veces que toma el bate.

31

Índice